People in 피플

글을 쓴 **이유정** 님은
중앙대학교 문예창작학과를 졸업하였습니다. 그림책 작가로 활동하며
애니메이션 시나리오, 동시, 동화 등 다양한 글쓰기 작업을 하고 있습니다.
지은 책으로는 《숲의 주인은 누구일까?》 등이 있습니다.

그림을 그린 **유기훈** 님은
홍익대학교 판화과를 졸업하였습니다. 이야기를 자유롭게 풀어나갈 수 있는 일러스트레이션에 매력을 느껴
지금은 어린이들을 위한 그림책 작업을 하고 있습니다.
그린 책으로는 《졸망 제비꽃》, 《행복한 고물상》, 《곰보빵》, 《아버지의 자전거》 등이 있습니다.

나의 소원 · 김구
글 이유정 그림 유기훈

펴낸이 김동휘 **펴낸곳** 여원미디어(주) **출판등록** 제406-2009-0000032호 **주소** 경기도 파주시 회동길 130(문발동) 탄탄스토리하우스
전화번호 080 523 4077 **홈페이지** www.tantani.com **제작책임** 정원성
기획·편집책임 이연수 **원고진행** 김미경 강성은 조정미 **사진진행** 김남석 **사진제공** 백범김구선생기념사업회·뉴스뱅크·연합뉴스·열린서당 **그림진행·디자인** 글그림
판매처 한국가드너(주) **교육 마케팅** 배선미 박관식

· 이 책에 사용한 사진은 해당 제공처의 허락을 받아 게재한 것입니다. 저작권자와 초상권자를 찾지 못한 일부 사진은 확인되는 대로 허락을 받겠습니다.
· 이 책에 실린 글과 그림의 무단 복제 및 전재를 금합니다.
ISBN 978-89-6168-551-1 ISBN 978-89-6168-572-6(세트)

김구
나의 소원

글 이유정 그림 유기훈

"대한 독립 만세!"
"대한 독립 만세!"

1945년 8월 15일,
일본에게서 빼앗긴 나라를 되찾은 그날,
온 나라가 만세 소리로 출렁였습니다.

머나먼 타국,
중국에 있던 김구도 조국의 독립 소식을 들었습니다.
나라를 되찾고자 평생을 바친 그였기에
누구보다 기뻐할 만도 하건만
김구의 표정은 그리 밝지 않았습니다.

27년 전, 1919년 3월 1일 그날도
온 나라에 만세 소리가 울려 퍼졌습니다.
나라를 되찾으려는 국민의 마음이
나라를 뒤흔드는 커다란 물결이 되어
대한민국 구석구석을 뒤덮은 것입니다.
김구는 그날의 모습을 가슴에 품고
중국 상하이에 있는 임시 정부를 찾아갔습니다.

"나는 나라를 빼앗긴 치욕 속에서도 국민이 한마음으로 힘을 다하면
곧 나라를 되찾을 것이라고 생각했다."

삼일 운동 뒤, 독립운동을 이끈 민족 지도자들은 깨달았습니다.
하루빨리 빼앗긴 나라를 되찾기 위해서는
국민의 힘을 한곳에 모을 수 있는 정부가 필요하다는 것을.

1919년 4월, 마침내 중국 상하이에 대한민국 임시 정부가 세워졌습니다.
김구는 임시 정부를 찾아가 문지기로 써 달라고 말했습니다.

"나는 일찍이 우리 독립 정부의 문지기가 되기를 원했거니와,
그것은 우리나라가 독립국만 되면
나는 그 나라의 가장 천한 자가 되어도 좋다는 뜻이다."

김구는 임시 정부에서 빼앗긴 나라를 되찾기 위한 독립운동을
다양하게 펼쳐 나갔습니다.
비밀리에 독립운동에 쓸 돈을 모으고, 독립투사들을 훈련시키고,
국제회의에 사람을 보내 일본의 침략을 세계 곳곳에 알렸습니다.

일본은 대한민국 임시 정부를 무너뜨리려고 경찰과 앞잡이들을 보내
독립투사들을 잡아들였습니다.
모진 고문으로 목숨을 잃은 독립투사들.
고문에 못 이겨 조국과 동지들을 배신하는 사람들.

경무 국장에 임명된 김구는
임시 정부와 독립투사들을 목숨을 다해 지켰습니다.

경무 국장_ 오늘날의 경찰청 청장과 같은 자리.

일본의 끈질긴 감시와 방해로 주변의 도움을 받지 못하게 되자,
임시 정부는 가난에 쪼들렸습니다.
임시 정부 사람들 사이에도 서로 생각이 달라
뜻이 맞는 사람들끼리 뿔뿔이 흩어지기도 했습니다.

남아 있는 사람들은 김구를 중심으로 똘똘 뭉쳤습니다.
그러나 가난은 피할 수 없는 현실.
이 집 저 집 중국 동포들의 집을 떠돌며
시장에서 배추 쓰레기를 모아 끓인 죽으로 끼니를 이어 갔습니다.
김구는 부인이 병을 얻어 세상을 떠나도
마지막 인사조차 못했습니다.

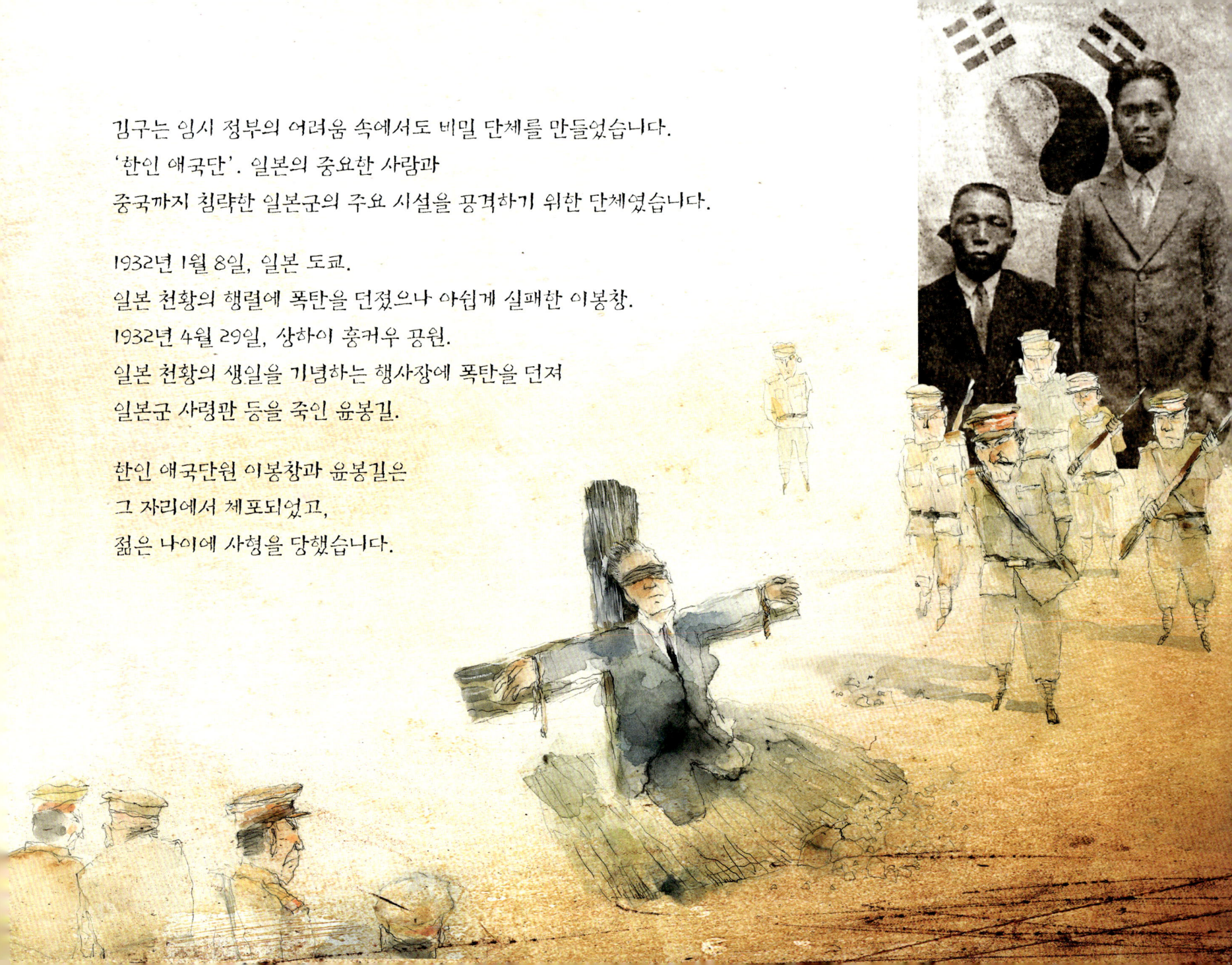

김구는 임시 정부의 어려움 속에서도 비밀 단체를 만들었습니다.
'한인 애국단'. 일본의 중요한 사람과
중국까지 침략한 일본군의 주요 시설을 공격하기 위한 단체였습니다.

1932년 1월 8일, 일본 도쿄.
일본 천황의 행렬에 폭탄을 던졌으나 아쉽게 실패한 이봉창.
1932년 4월 29일, 상하이 훙커우 공원.
일본 천황의 생일을 기념하는 행사장에 폭탄을 던져
일본군 사령관 등을 죽인 윤봉길.

한인 애국단원 이봉창과 윤봉길은
그 자리에서 체포되었고,
젊은 나이에 사형을 당했습니다.

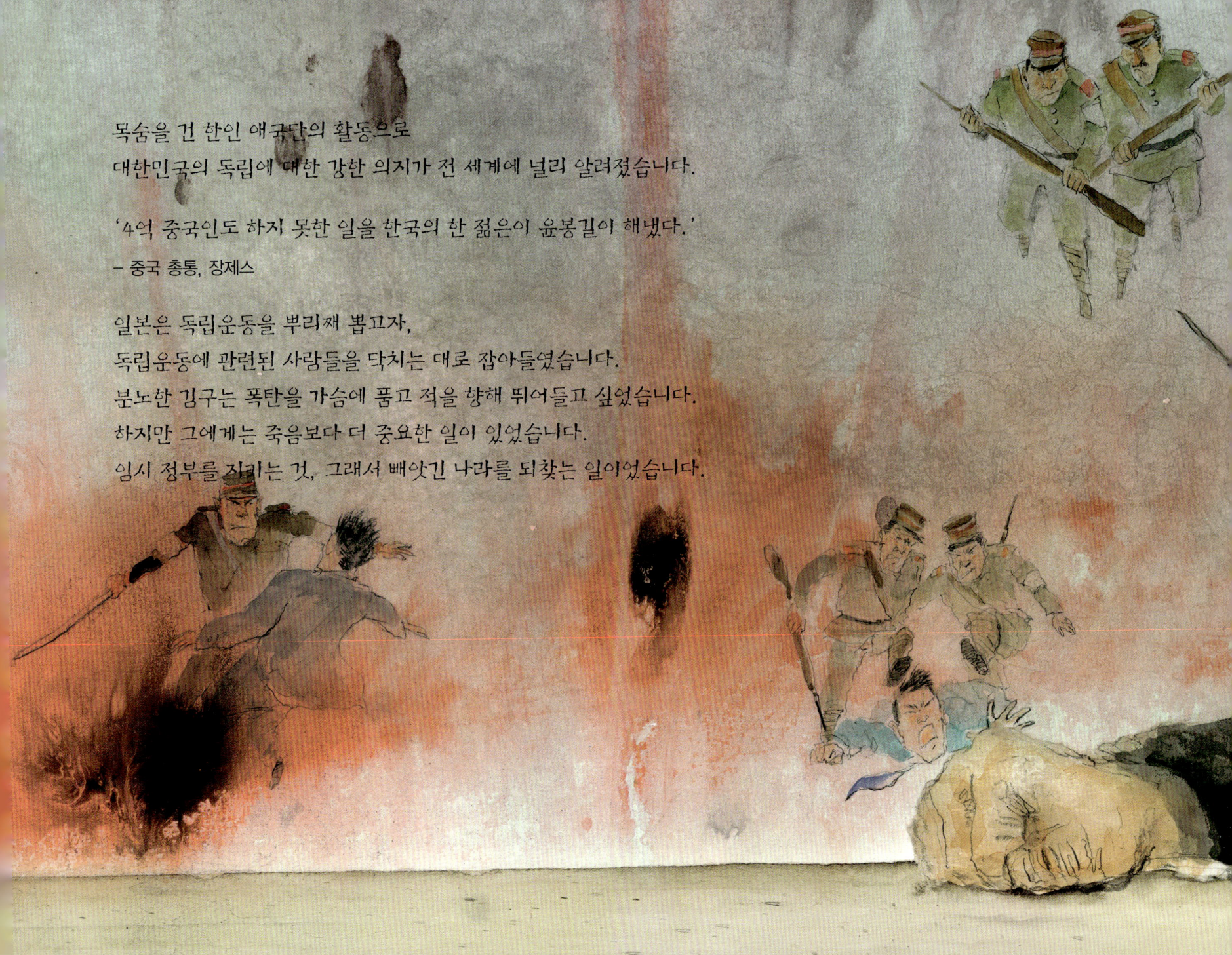

목숨을 건 한인 애국단의 활동으로
대한민국의 독립에 대한 강한 의지가 전 세계에 널리 알려졌습니다.

'4억 중국인도 하지 못한 일을 한국의 한 젊은이 윤봉길이 해냈다.'
- 중국 총통, 장제스

일본은 독립운동을 뿌리째 뽑고자,
독립운동에 관련된 사람들을 닥치는 대로 잡아들였습니다.
분노한 김구는 폭탄을 가슴에 품고 적을 향해 뛰어들고 싶었습니다.
하지만 그에게는 죽음보다 더 중요한 일이 있었습니다.
임시 정부를 지키는 것, 그래서 빼앗긴 나라를 되찾는 일이었습니다.

일본은 김구에게 현상금을 내걸었습니다.
현상금 60만 원. 그 당시에는 엄청나게 큰돈이었습니다.

김구는 일본 경찰과 일본 앞잡이들에게 쫓겨
죽을 고비를 여러 번 넘겼습니다.
임시 정부가 있는 건물에 폭탄이 떨어지기도 했습니다.
김구와 임시 정부 사람들은
중국 여러 도시로 피해 다니면서
일본과 싸울 준비를 차근차근 해 나갔습니다.

"나라가 독립하면 삼천리강산이 다 내 것이 될지 모르지만,
지금은 하늘 아래 넓고 큰 이 지구에서
한 치의 땅도, 반 칸의 집도 내 것이 없다."

김구는 안으로는 일본과 싸울 힘을 다지고,
밖으로는 대한민국 임시 정부를 알리는 데 힘을 쏟았습니다.

흩어진 독립 단체들을 설득하여 다시 힘을 모았으며
중국, 미국, 영국, 소련 등 세계 강대국에게는
대한민국 임시 정부를 정식으로 인정해 달라고 당당히 요구했습니다.

"우리의 뜻만 굳고 우리의 노력만 꾸준하면 반드시 성공할 때가 있다.
 우리가 올바른 일을 하기 위해 싸우는 데에는 무서울 것이 없는 것이다."

막강한 일본군과 싸우려면 무엇보다 군대가 필요했습니다.
빼앗긴 나라를 다시 찾기 위한 군대, 광복군!
김구는 중국의 도움을 받아 광복군을 만들고 훈련을 시켰습니다.
군복도, 무기도, 먹을 것도 부족했지만
나라를 내 손으로 되찾고 싶다는 조국의 젊은이들이 줄을 지어 모여들었습니다.
김구는 일본에 전쟁을 선포했습니다.

모든 준비가 끝났습니다.
이제 우리 힘으로 빼앗긴 나라를 되찾을 때가 온 것입니다.
그러나……

김구가 우려하던 일이 벌어졌습니다.
광복군이 나서기도 전에
일본은 미국, 소련 등 연합군에게 무조건 항복을 한 것입니다.

"대한 독립 만세!"
"대한 독립 만세!"

그토록 바라던 독립이 이루어졌건만, 마냥 기뻐할 수만은 없었습니다.
김구는 알고 있었습니다.
우리 힘으로 되찾은 나라가 아니면,
우리가 바라는 대로 할 수 없다는 것을.

"우리는 그것이 이룰 수 있는 일이냐, 없는 일이냐 보다
그것이 옳은 일인지 그른 일인지를 더 따져 보아야 합니다.
외국의 간섭이 없고, 온 국민이 하나 되어
독립을 이루는 것만이 옳은 일입니다.
그렇게 하는 것이 아무리 힘들어도
그것이 옳기 때문에 그 길을 갈 수밖에 없습니다."

44세에 나라를 되찾기 위해 중국으로 떠났던 김구는
70세가 되어서야 조국의 품에 돌아올 수 있었습니다.
하지만 우리나라에 들어온 미국과 소련은
임시 정부를 대한민국 정부로 인정하지 않았습니다.

우리나라는 또다시 다른 나라의 손에 운명을 맡기게 되었습니다.
이 땅의 허리를 뚝 자르듯 삼팔선을 그어 놓고
남한은 미국이, 북한은 소련이 지켜주게 된 것입니다.
스스로 나라를 세울 준비가 안 되었다는 게 이유였습니다.

김구는 나라가 둘로 나뉘지 않으려면,
서둘러 하나 된 정부를 세워야 한다고 생각했습니다.
그래서 남한 지도자들을 설득하고, 삼팔선을 넘어 북한 지도자들을 설득했습니다.
그러나 김구의 노력에도 불구하고 남한과 북한에 각각 서로 다른 정부가 세워졌습니다.

김구는 가슴이 찢어질 듯 아팠지만 희망을 잃지 않았습니다.
먼저 학교를 세워 아이들에게 배움의 기회를 열어 주었습니다.
국민 하나하나가 배우고, 우리 문화를 굳건히 지킨다면
통일은 물론 완전한 독립을 이룰 수 있다고 믿었기 때문입니다.

"무릇 한 나라가 서서 한 민족이 국민으로 살아가려면 반드시 기초가 되는 철학이 있어야 한다.
이것이 없으면 다른 나라의 철학에 휩쓸려, 남에게 의지하게 된다.
나는 우리 힘으로, 특히 배움의 힘으로 반드시 이 일이 이루어질 것을 믿는다."

김구가 되찾으려 했던 것은 단순히 우리나라의 땅덩어리가 아닙니다.
김구가 지키려고 했던 것은 단순히 우리나라의 땅덩어리가 아닙니다.

5천 년 넘게 가꾸어 온 우리의 역사와 문화,
옛 어른들의 삶에서 얻는 철학,
우리 민족 한 사람 한 사람의 힘,
나아가 독립 이후에 올 통일된 대한민국의 미래였습니다.

그러나 모든 사람이 통일 정부를 세우려는 김구와 생각이 같았던 것은 아닙니다.
결국 김구는 생각이 다른 사람이 쏜 총에 맞아 쓰러졌습니다.

"나는 우리나라가 남의 것을 모방하는 나라가 되지 말고,
높고 새로운 문화의 뿌리가 되고, 목표가 되고, 모범이 되기를 원한다.
그래서 진정한 세계의 평화가 우리나라에서,
우리나라로 말미암아서 세계에 실현되기를 원한다.
우리 민족이 주인공이 되어 세계의 무대에 등장할 날이 눈앞에 보이지 아니하는가."

金九 自敍傳
白凡逸志 김구
(1876~1949)

- 1876년 8월 29일, 황해도 해주에서 태어남.
- 1892년 과거를 보았지만 떨어짐.
- 1894년 동학의 접주가 되어 해주성을 공격하였으나 실패함.
- 1896년 숨어 지내던 중에 고능선을 만나 가르침을 받음. 일본군 중위 스치다를 죽이고 붙잡혀 인천 감옥에 갇힘.
- 1898년 감옥에서 도망쳐 공주 마곡사로 들어가 승려가 됨.
- 1911년 채포되어 15년 형을 선고받고 서대문 감옥에 갇힘. 감옥에서 이름을 김구, 호를 백범으로 바꿈.
- 1915년 형이 줄어들어 감옥에서 풀려남.
- 1919년 3·1 운동이 일어난 뒤 4월에 중국 상하이로 망명해 대한민국 임시 정부에 참여함.
- 1924년 부인 최준례가 세상을 떠남.
- 1926년 대한민국 임시 정부를 대표하는 국무령이 됨. 한인 애국단 조직함.
- 1928년 자식에게 남기는 유서이자 편지인 《백범일지》를 쓰기 시작함.
- 1932년 이봉창 의사, 윤봉길 의사의 의거를 지휘함.
- 1940년 한국 광복군을 만들고, 대한민국 임시 정부 주석에 뽑힘.
- 1941년 대한민국의 이름으로 일본에 전쟁을 선포함.
- 1945년 일본의 지배가 끝나고 임시 정부 국무 위원들과 우리나라로 돌아옴.
- 1948년 남북 통일 정부를 세우기 위해 평양을 방문함.
- 1949년 백범 학원과 창암 공민학교 세움. 6월 26일 육군 소위 안두희가 쏜 총에 맞아 세상을 떠남.

대한민국의 독립을 위해 평생을 바친 백범 김구는 1876년, 황해도 해주에서 태어났습니다. 처음 이름은 '창수'였으나 일본 경찰의 눈을 피하려고 '구'로 바꾸었지요. 김구가 태어날 당시 우리나라는 일본과 중국 청나라 등 주변 강대국들의 틈바구니에서 언제 나라를 잃을지 모르는 불안한 상황이었어요. 안으로는 제 욕심만 채우는 관리들의 횡포에 백성들은 가난에 허덕였어요.

열일곱 살 무렵, 김구는 동학에 몸을 담았습니다. 동학은 '인내천(사람은 곧 하늘이다)' 사상을 내세운 민족 종교입니다. 나라 안팎으로 혼란스러웠던 때에 백성들은 동학에 거는 기대가 컸어요. 이듬해인 1894년, 마침내 못된 관리들을 몰아내고자 동학 농민 운동이 일어났어요. 청년 김구는 해주에서 동학군을 이끌었습니다. 그러나 동학 농민 운동은 정부에서 청나라와 일본 군대를 끌어들이는 바람에 1년 만에 실패하고 말았답니다.

그 뒤 일본은 우리나라를 손에 넣기 위해 짐승만도 못한 짓도 서슴지 않았습니다. 일본을 멀리하던 명성황후를 시해(부모나 임금을 죽임)한 것입니다. 분노한 김구는 일본을 벌하겠다며 황해도 치하포에서 일본군 중위 스치다를 죽였습니다. 감옥에 갇혀 모진 고문을 당하고 사형을 선고받았지만, '국모 명성황후의 원수를 갚은 것뿐이다.'라고 외치며 끝까지 머리를 숙이지 않았지요. 이 일은 고종 황제의 귀에까지 들어가 김구에 대한 사형 중지 명령이 내려졌습니다. 죽음의 문턱에서 살아 돌아온 김구는 감옥을 탈출하여 나라를 지킬 수 있는 방법을 찾기 시작했어요. 먼저 백성이 똑똑하면 나라를 지킬 수 있다는 믿음으로 봉양 학교, 양산 학교 등을 세우고 아이들을 가르쳤습니다.

1910년, 마침내 일본은 우리나라의 국권을 빼앗았습니다. 우리 스스로 나랏일을 결정하고 나라를 다스리는 주인 된 권리를 잃고만 것입니다. 그해 겨울, 일찍이 일본과 맞서 싸웠던 안명근은 중국 만주 지방에 무관 학교를 세우고자 기부금을 구하러 다녔어요. 그러다 일본 경찰에게 붙잡히고 말았지요. 일본은 이 사건을

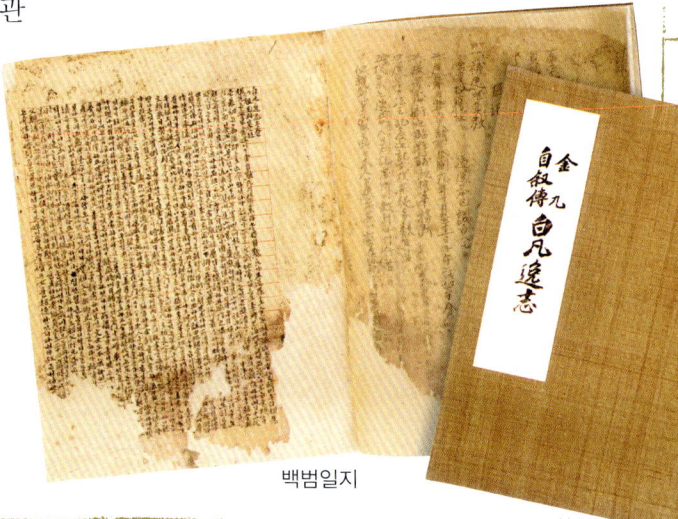

백범일지

데라우치 마사타케 총독을 암살하기 위해 군자금을 모으러 다닌 것으로 꾸며 한국인 160여 명을 잡아들였어요. 평소에 눈엣가시 같았던 한국인들 잡아들이기 위한 속셈이었지요. 이때 김구도 체포되어 서대문 감옥에 갇혔고, 그곳에서 호를 '백범(白凡)'으로 지었습니다. '가장 천하고 무식하고 평범한 사람'이라는 뜻으로, 가장 낮은 자리에서 독립운동을 하겠다는 김구의 의지를 담은 것입니다.

감옥에서 나온 김구는 소학교(초등학교)를 열어 아이들을 가르치는 일에 더욱 힘을 쏟았어요. 1919년 삼일 운동 뒤에는 독립운동에 적극 뛰어들기 위해 중국 상하이에 세워진 대한민국 임시 정부를 찾아갔습니다. 김구는 경무 국장, 내무 총장을 거쳐 최고 자리인 국무령(훗날 주석)이 되어 줄곧 임시 정부를 이끌었지요. 김구는 일본의 공격으로부터 임시 정부를 지켜내며, 대한민국은 독립된 국가라는 것과 일본의 잘못을 전 세계에 알렸어요. 한인 애국단을 만들어 이봉창의 일본 천황 저격 사건, 윤봉길의 상하이 훙커우 공원 폭탄 투척 사건을 지휘했어요. 임시 정부 주석으로 뽑힌 1940년에는 광복군을 만들어 군대를 키우고, 1941년에 일본이 미국을 공격하자 임시 정부의 이름으로 일본에게 선전포고를 했지요. 1943년에는 광복군 특공대를 조직하여 미군과 합동으로 국내 침투 작전을 세우기도 했답니다.

1945년 8월 15일, 일본이 미국에 항복하면서 우리나라는 해방을 맞이했습니다. 그러나 남과 북으로 나뉘어 남한은 미국이, 북한은 소련이 지켜 주게 되었지요. 김구는 통일 정부를 세우기 위해 노력했으나 1948년, 남한과 북한에 서로 다른 정부가 세워졌어요. 그리고 이듬해 김구의 반대 세력이 시킨 안두희가 쏜 총에 맞아 세상을 떠나고 말았지요. 눈을 감는 순간까지 김구의 소원은 단 하나, '독립된 나라의 문지기가 되는 것'이었답니다.

김구를 만든 사람들

백범 김구는 스스로를 얼굴도 못생기고 보잘것없는 사람이라고 낮추어 생각했어요. 그리고 가장 낮은 사람부터 배우고 움직여야 나라가 바로 설 수 있다고 믿었답니다. 이러한 생각과 믿음이 하루아침에 이루어진 것은 아닙니다. 김구의 곁에서 도움과 깨달음을 주었던 사람들이 있었기에 가능했던 일이었지요.

어머니 곽낙원

열일곱 살에 김구를 낳은 어머니는 아들이 감옥에 갇혔을 때, '평양 감사가 된 것보다 더 기쁘다' 라는 말로 격려해 줄 만큼 강한 분이었습니다. 김구가 임시 정부로 떠나자, 육십이 넘은 나이에 일본 경찰을 피해 상하이로 건너왔어요. 그 뒤로 배추 쓰레기를 주워 와 죽을 끓여 먹이는 등 온 정성을 다해 두 손자와 임시 정부 사람들을 뒷바라지했지요.

임시 정부가 남경에 있을 때, 독립투사들이 조금씩 돈을 모아 어머니의 생일잔치를 베풀려고 했어요. 이를 눈치챈 어머니는 자신이 먹고 싶은 음식을 만들어 먹겠으니 그 돈을 달라고 했어요. 아니나 다를까, 어머니는 그 돈으로 권총을 사서 '일본인을 한 명이라도 더 쏘아야 한다' 며 독립투사들에게 건넸답니다.

스승 고능선

"나라가 망하는 데에는 거룩하게 망하는 것이 있고, 더럽게 망하는 것이 있다. 국민들이 힘을 다해 싸우다가 망하는 것이 거룩하게 망하는 것이요, 여러 패로 갈라져 한편은 이 나라에 붙고 한편은 저 나라에 붙어 저희들끼리 싸우다 망하는 것이 더럽게 망하는 것이다." 김구는 스승 고능선의 이러한 가르침을 평생 간직했어요. 고능선은 동학군끼리 싸움이 났을 때, 김구가 몸을 피했던 청계동에서 만난 스승입니다. 김구에게 사람의 도리에 대해, 그리고 더 넓은 세계를 알아야 한다는 가르침을 주었지요.

안진사, 안중근, 안명근

동학 농민 운동을 이끌던 열아홉 살의 김구와 그들을 막으려던 정부군의 안진사는 서로 적으로 만났어요. 그러나 김구의 됨됨이를 알아본 안진사는 김구가 쫓기는 신세가 되자 자기 집에 숨겨 주었어요. 그때 김구는 세 살 어린 안진사의 큰아들 안중근을 처음 만났지요. 그로부터 15년 뒤 1909년, 안중근은 만주 하얼빈에서 우리나라를 빼앗는 데 앞장선 이토 히로부미를 쏘아 죽였습니다.

안 씨 집안과의 인연은 여기서 끝나지 않았어요. 1910년, 안중근의 사촌동생 안명근은 무관 학교를 세우기 위해 돈을 모으러 다녔어요. 안명근이 돈을 내놓지 않는 부자들에게 총을 쏘려고 하자, 김구가 막아섰어요. "총을 쏜다고 얻어지는 건 없소. 차라리 청년들을 데려가서 군사 교육을 시키는 게 낫지요." 며칠 뒤 안명근은 일본 경찰에게 붙잡혔고, 김구 또한 안명근과 알고 지냈다는 이유로 감옥에 끌려가고 말았어요.

도산 안창호

대한민국 임시 정부를 찾아간 김구는 내무 총장이던 도산 안창호를 만났습니다. 김구와 안창호는 일본과 싸우기 위해 만든 비밀 조직 '신민회' 활동을 함께한 사이였어요. 김구는 안창호에게 자신을 임시 정부의 문지기로 써 달라고 부탁했어요. 안창호는 펄쩍 뛰며 경무국장 자리를 내주었어요. 너무 큰 자리라며 김구가 사양했지만, 안창호 역시 고집을 꺾지 않았지요.

안창호(1878년~1938년)는 새로운 학문의 중요성을 깨닫고 1902년에 미국으로 건너갔어요. 샌프란시스코에서 막일을 하며 공부하던 중 1906년에 돌아와 독립운동에 몸을 바쳤지요. 특히 '흥사단'을 만들어 국민 교육 운동에 앞장섰으며, 그의 무실역행(참되고 알차도록 힘써 실행함) 정신은 오늘날에도 큰 영향을 주고 있답니다.

김구가 맞은 죽음의 순간들

칠십 평생 조국의 완전한 독립을 위해 목숨을 바쳤던 김구. 그에게는 늘 죽음의 위험이 도사리고 있었어요. 김구를 잡기 위해 일본이 끊임없이 쫓아다녔기 때문입니다. 그러나 김구는 일본인이 아닌, 같은 민족의 손에 죽음을 맞이하고 말았답니다.

같은 동학군과의 싸움

동학 농민 운동 때, 김구는 동학군을 이끌고 구월산으로 들어갔어요. 날마다 군사 훈련도 하고, 학자들을 불러와 공부도 했어요. 어느 날, 김구는 갑자기 홍역에 걸려 앓아눕게 되었어요. 이 틈에 적들이 구월산으로 쳐들어왔지요. 그런데 적들은 일본군이 아니라, 같은 동학군 대장 이동엽이었어요. 나쁜 짓을 일삼던 동학교도들에게 김구가 벌을 주었다는 이유로 복수를 하러 온 것입니다. 이동엽은 김구가 이끌던 동학군들을 죽인 뒤에 우두머리인 김구만은 살려 주었어요. 이 사건으로 황해도 일대의 동학군은 힘이 약해졌고, 일본군의 공격을 받아 흩어졌지요.

전화 한 통으로 살아난 목숨

김구는 황해도 안악군 치하포의 한 여관에서 일본군 중위 스치다를 죽인 죄로 사형을 선고받았어요. 사형 집행 날에도 평소와 다름없이 밥을 먹고, 책을 읽고, 사람을 만났지요. 드디어 사형 집행 시간 6시. 그러나 김구는 사형장에 나타나지 않았습니다. 사형 집행 직전, 고종 황제가 감옥으로 전화를 걸어 사형을 중지하라는 명령을 내렸기 때문입니다. 서울과 인천의 감옥을 연결하는 전화가 설치된 것은 김구의 사형 집행 바로 몇 시간 전의 일이었지요.

가슴에 난 상처

대한민국 임시 정부는 여러 독립운동 단체와 다양한 생각을 지닌 사람들이 모여 세워졌어요. 시간이 흐를수록 서로 틈이 벌어졌고, 결국에는 뿔뿔이 흩어졌답니다. 처음에는 1천여 명에 이르던 사람들이 수십 명으로 줄어들었지요. 그 뒤 김구는 흩어진 독립 단체들을 다시 모으기 위해 꾸준히 애를 썼어요. 1938년에는 자신이 만든 한국국민당과 한국독립당, 조선혁명당을 하나로 합치는 문제를 놓고 각 당 대표들을 만나 회의를 했어요. 그때 임시 정부에 불만을 품은 사람들이 보낸 이운환이 들이닥쳐 총을 쏘아 댔지요. 김구는 가슴에 총을 맞고 쓰러졌지만 다행히 목숨을 건졌습니다.

네 번 울린 총소리

제2차 세계 대전에 뛰어든 일본은 1945년 8월 15일, 미국의 원자 폭탄 공격으로 무조건 항복하고 말았어요. 우리나라는 빼앗긴 나라를 되찾았지만 기쁨도 잠시. 전쟁에서 승리한 나라들의 이익에 따라 남한은 미국, 북한은 소련(오늘날의 러시아)이 지켜 주게 되었지요.

김구는 조국이 갈라져 서로 싸우게 될 것을 걱정했어요. 통일 정부를 세우기 위해 남한 지도자들을 설득하고, 북한으로 건너가 정치 회담을 열었지만 실패했어요.

1948년, 남한에는 이승만, 북한에는 김일성이 이끄는 서로 다른 정부가 들어섰어요. 그리고 이듬해 6월 29일, 김구가 머물던 서울 종로구 평동 경교장 건물에서 네 발의 총소리가 울렸습니다. 김구의 목숨을 빼앗은 범인은 육군 포병 소위 안두희. 확실히 밝혀지지 않았지만, 통일 정부를 세우려는 김구와 뜻이 다른 사람들이 시킨 짓으로 추측하고 있어요.